CHRISTOPH JUNKER

MINIBACKOFEN

· KOCHBUCH ·

Email: info@edition-lunerion.de
www.edition-lunerion.de

Psiana eCom UG
Berumer Str. 44
26844 Jemgum

Vorwort

In Ihre Küche passt kein ganzer Herd, aber auf leckere Ofengerichte wollen Sie trotzdem nicht verzichten? Kein Problem! Denn dank eines kleinformatigen Küchenhelfers namens Minibackofen schöpfen Sie kulinarisch aus dem Vollen und was Sie damit alles auf den Tisch zaubern können, zeigt Ihnen dieses Kochbuch.

Kleines Gerät, große Hilfe: So lässt sich der Minibackofen perfekt beschreiben, denn das unkomplizierte Küchenwunder macht nicht nur im Single-Haushalt das Leben leichter. Ob die Küche Ihrer Studentenbude winzig ist, in der neuen Wohnung der Ofen fehlt oder Sie das Heizen eines großen Backofens als Single für Verschwendung halten – ein Minibackofen braucht deutlich weniger Strom, nur etwa so viel Platz wie eine Mikrowelle und dabei steht er seinem großen Bruder in puncto Kochresultat um nichts nach. Feines Frühstück, Backwerk aller Art, Aufläufe, Braten, Lasagne oder Pizza und sogar verlockende Desserts kriegt der Minibackofen hin wie ein Großer und die perfekt zugeschnittenen Rezepte dafür finden Sie hier. Bei der Riesenauswahl kommen Veggies ebenso auf Ihre Kosten wie Fleisch- und Fischfans und auch, wer es sündig-süß oder aber fit und gesund mag, entdeckt immer wieder neue Schlemmereien.

Guten Appetit!

INHALT

Frühstück 1

Bauernfrühstück 2
Veganes Birchermüsli 3
Apfelpfannkuchen 4
Rührei 5
Frühstücks-Muffins 6
Eier-Muffins 7
Vegane Baked Oats 8

Brote & Gebäck 9

Weizenbaguette 10
Chia-Brot 11
Schoko-Tassenkuchen 12
Birnenbrot 13
Frische Roggen-Kräuter-Brötchen 14
Gurkenbrot 15
Brownies 16
Kürbis-Käsekuchen 17
Haferbrot 18
Apfel-Ofenschlupfer 19
Franzbrötchen 20
Schoko-Nuss-Kekse 21

Hauptgerichte mit Fleisch & Geflügel 22

Überbackene Hackbällchen 23
Curryhähnchen 24
Käse-Schinken-Makkaroni 25
Schnitzelauflauf 26

Mini-Hackbraten *27*
Gefüllte Paprika *28*
Falscher Hase *29*
Überbackene Burritos *30*
Hackfleischbällchen Toskana *31*
Gyros-Makkaroni-Auflauf *32*
Kartoffeln Carbonara *33*
Crispy Chicken *34*
Brutzelfleisch *35*

Hauptgerichte mit Fisch & Meeresfrüchten 36
Kartoffel-Lachs-Gratin *37*
Saibling à la Bordelaise *38*
Forelle in Thymiansalzkruste *39*
Schollenfilet *40*
Gratinierte Miesmuscheln *41*
Ofenlachs mit Kräuterkruste *42*
Makkaroni-Thunfischauflauf *43*

Vegetarische Hauptgerichte 44
Spitzkohl-Kartoffel-Auflauf *45*
Ofen-Tortelloni *46*
Panierter Blumenkohl *47*
Gefüllte Zucchini *48*
Pilz-Lasagne *49*
Frittata *50*
Zwiebelkuchen *51*
Quarktaschen-Lasagne *52*
Süßkartoffel-Auflauf *53*
Bunte Pasta *54*
Gnocchi-Auflauf *55*

Vegane Hauptgerichte 56
Überbackenes Linsen-Curry *57*
Gefüllte Auberginen *58*
Kartoffelkuchen *59*
Veganer Flammkuchen *60*
Blumenkohl nach arabischer Art *61*
Seidentofu *62*
Quinoabälle in Tomatensoße *63*
Ofengemüse *64*

Fingerfood & Snacks 65
Pizzastangen *66*
Ofenpommes *67*
Schwarzwurzeln *68*
Getrocknete Tomaten *69*
Köttbullar *70*
Ofen-Falafel *71*
Maronen *72*
Hotdog-Strudel *73*
Italienisches Knabbergebäck *74*
Bruschetta-Toast *75*

Desserts 76
Bratapfel *77*
Gebackener Zwetschgen-Pudding *78*
Gebackener Milchreis *79*
Himbeer-Muffins *80*
Quark-Auflauf *81*
Zimt-Häppchen *82*
Gebackene Honig-Bananen *83*

Low-Carb & Fitness-Rezepte 84

Hähnchen-Gratin *85*

Lachs mit Romanesco *86*

Raclette-Taler *87*

Hackbraten *88*

Ofengemüse Hawaii *89*

Steckrüben-Schnitzelauflauf *90*

Ofen-Ricotta auf Salat *91*

Zucchini-Auflauf *92*

Frühstück

BAUERNFRÜHSTÜCK

2 Port.

35 Min.

Leicht

Zutaten

300 g Kartoffeln
50 g Speckwürfel
40 ml Milch
1 Ei
1 Zwiebel
½ EL Öl
Pfeffer
Salz

Nährwerte p. P.

Brennwert: 290 kcal
Fett: 14 g
Kohlenhydrate: 29 g
Eiweiß: 11 g

1 Schälen Sie die Kartoffeln und kochen Sie sie ca. 20 Minuten lang. Schneiden Sie sie danach klein.

2 Schälen und würfeln Sie die Zwiebeln und geben Sie sie gemeinsam mit dem Speck für ca. 15 Minuten bei 195 °C Ober-/Unterhitze in den vorgeheizten Minibackofen.

3 Verquirlen Sie das Ei mit der Milch und würzen Sie es mit Pfeffer und Salz.

4 Geben Sie alle verbliebenen Zutaten zu den Zwiebeln und dem Speck und backen Sie sie ca. 20 Minuten lang. Wenden Sie das Bauernfrühstück nach der Hälfte der Zeit.

VEGANES BIRCHERMÜSLI

 3 Port.  45 Min.   Leicht

Zutaten

150 g Heidelbeeren (TK)
100 g Vollkorn-Haferflocken
50 g Mandelstifte
2 EL Wasser
2 EL Ahornsirup
100 ml Mandelmilch
1 EL geschrotete Leinsamen
1 EL Kokosöl
¼ TL Backpulver

Nährwerte p. P.

Brennwert: 440 kcal
Fett: 24 g
Kohlenhydrate: 40 g
Eiweiß: 12 g

1 Geben Sie die Leinsamen in das Wasser und lassen Sie sie 5 Minuten quellen.

2 Vermischen Sie die Haferflocken mit den Mandeln und dem Backpulver.

3 Rühren Sie die Leinsamen sowie die Mandelmilch, den Ahornsirup und das Kokosöl unter die Haferflocken.

4 Heben Sie die Heidelbeeren unter.

5 Geben Sie das Müsli in eine Auflaufform und backen Sie es bei 200 °C Ober-/Unterhitze ca. 30 Minuten lang im vorgeheizten Minibackofen.

APFELPFANNKUCHEN

2 Port.

25 Min.

Leicht

Zutaten

150 ml Milch
125 g Dinkelmehl
25 ml Mineralwasser
3 Äpfel
2 Eier
1 EL Zucker
Zimt-Zucker-Mischung
1 Pr Salz

Nährwerte p. P.

Brennwert: 444 kcal
Fett: 9 g
Kohlenhydrate: 74 g
Eiweiß: 14 g

1 Schälen und entkernen Sie die Äpfel und schneiden Sie sie anschließend in dünne Scheiben.

2 Heizen Sie Ihren Backofen auf 250 °C Ober-/Unterhitze vor.

3 Verrühren Sie die Eier mit der Milch, dem Wasser, dem Zucker und dem Salz. Sieben Sie danach langsam das Mehl dazu und vermengen Sie alle Zutaten gut miteinander.

4 Verteilen Sie den Teig auf einem mit Backpapier ausgelegten Backblech und verteilen Sie die Apfelstückchen darauf.

5 Backen Sie die Pfannkuchen etwa 15 Minuten lang.

6 Bestreuen Sie den fertigen Pfannkuchen mit der Zimt-Zucker-Mischung.

RÜHREI

2 Port.

20 Min.

Leicht

Zutaten

4 Eier
4 TL Milch
2 EL Feta
Pfeffer
Salz

Nährwerte p. P.

Brennwert: 325 kcal
Fett: 27 g
Kohlenhydrate: 3 g
Eiweiß: 18 g

1 Verquirlen Sie die Eier mit der Milch und würzen Sie alles mit Pfeffer und Salz.

2 Bröseln Sie den Feta in die Eimischung.

3 Teilen Sie die Mischung auf zwei Tassen oder kleine Auflaufförmchen auf.

4 Backen Sie das Rührei bei 180 °C Ober-/Unterhitze ca. 15 Minuten lang.

FRÜHSTÜCKS-MUFFINS

3 Port.

40 Min.

Schwer

Zutaten

125 ml Milch
100 g Haferflocken
75 g Himbeeren (TK)
50 g Mandeln (gehackt)
40 ml Olivenöl
25 g Mehl
25 g Mandeln (gemahlen)
1 Banane
1 TL Backpulver

Nährwerte p. P.

Brennwert: 267 kcal
Fett: 17 g
Kohlenhydrate: 24 g
Eiweiß: 8 g

1 Lassen Sie die Himbeeren auftauen und heizen Sie Ihren Minibackofen auf 200 °C Ober-/Unterhitze vor.

2 Vermengen Sie die Haferflocken mit den gemahlenen Mandeln, dem Mehl und dem Backpulver.

3 Zerdrücken Sie die Banane und vermischen Sie sie mit der Milch und dem Öl. Heben Sie die Mischung anschließend unter die Haferflocken.

4 Heben Sie die gehackten Mandeln und die Himbeeren unter den Teig.

5 Teilen Sie den Teig auf kleine Muffinförmchen auf und backen Sie die Frühstücksmuffins ca. 25 Minuten lang.

EIER-MUFFINS

3 Port. 20 Min. Leicht

Zutaten

36 Scheiben Salami (klein)
6 Eier
120 g geriebener Käse
Pfeffer
Salz

Nährwerte p. P.

Brennwert: 403 kcal
Fett: 33 g
Kohlenhydrate: 1 g
Eiweiß: 25 g

1 Legen Sie 6 Muffinförmchen mit Salami aus und drücken Sie diese leicht am Boden und an den Seiten fest.

2 Teilen Sie den Käse auf die Muffinförmchen auf.

3 Verquirlen Sie die Eier mit Pfeffer und Salz und teilen Sie sie ebenfalls auf die Förmchen auf.

4 Backen Sie die Muffins im vorgeheizten Minibackofen bei 220 °C Ober-/Unterhitze ca. 12 Minuten lang.

VEGANE BAKED OATS

2 Port.

50 Min.

Leicht

Zutaten

150 ml Hafermilch
100 g Haferflocken
1 Banane
1 EL Ahornsirup

Nährwerte p. P.

Brennwert: 266 kcal
Fett: 5 g
Kohlenhydrate: 46 g
Eiweiß: 7 g

1 Schneiden Sie die Banane klein und pürieren Sie sie gemeinsam mit der Hafermilch und dem Ahornsirup.

2 Vermengen Sie die Haferflocken mit dem Püree aus Schritt 1.

3 Geben Sie die Masse in eine Auflaufform.

4 Backen Sie die Zutaten bei 200 °C Ober-/Unterhitze ca. 15 Minuten lang.

Tipp: Genießen Sie Ihre Baked Oats mit frischen Früchten.

Brote & Gebäck

WEIZENBAGUETTE

2 Port.

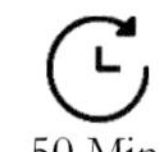
50 Min.

Leicht

Zutaten

250 g Weizenmehl
½ Würfel Hefe
120 ml lauwarmes Wasser
20 ml Öl
1 TL Salz

Nährwerte p. P.

Brennwert: 521 kcal
Fett: 12 g
Kohlenhydrate: 94 g
Eiweiß: 9 g

1 Lösen Sie die Hefe in dem Wasser auf.

2 Verkneten Sie alle Zutaten miteinander.

3 Lassen Sie den Teig etwa 15 Minuten lang gehen.

4 Formen Sie den Teig in gleich große Baguettes und geben Sie diese in den kalten Backofen. Backen Sie die Baguettes bei 200 °C Ober-/Unterhitze etwa 30 Minuten lang, bis sie eine bräunliche Farbe annehmen.

CHIA-BROT

2 Port.

200 Min.

Leicht

Zutaten

75 g Haferflocken
300 ml Wasser
70 g Sonnenblumenkerne
40 g Leinsamen
30 g Mandeln (gemahlen)
1 Ei
1 EL Chiasamen
1 EL Öl
1 TL Honig
1 Pr Salz

Nährwerte p. P.

Brennwert: 249 kcal
Fett: 14 g
Kohlenhydrate: 21 g
Eiweiß: 10 g

1 Vermischen Sie die Haferflocken mit den Sonnenblumenkernen, den Leinsamen, den Mandeln und den Chiasamen.

2 Verquirlen Sie das Ei und vermengen Sie es mit dem Wasser, dem Salz, dem Honig und dem Öl.

3 Vermengen Sie alle Zutaten zu einem Teig.

4 Legen Sie eine Kastenform mit Backpapier aus und füllen Sie den Teig hinein. Lassen Sie ihn mindestens 2 Stunden ruhen.

5 Backen Sie das Brot im vorgeheizten Backofen bei 170 °C Ober-/Unterhitze ca. 20 Minuten lang.

6 Nehmen Sie das Brot aus der Form und backen Sie es für weitere 50 Minuten.

SCHOKO-TASSENKUCHEN

1 Port.

20 Min.

Leicht

Zutaten

6 EL Mehl
6 EL Milch
3 EL Kakaopulver
3 EL Speiseöl
2 EL Zucker
1 EL Nuss-Nougat-Creme
¼ TL Backpulver

Nährwerte p. P.

Brennwert: 980 kcal
Fett: 44 g
Kohlenhydrate: 115 g
Eiweiß: 22 g

1 Verrühren Sie alle Zutaten miteinander und geben Sie sie in eine Tasse.

2 Stellen Sie die Tasse in den vorgeheizten Minibackofen und backen Sie den Kuchen bei 180 °C Ober-/Unterhitze ca. 15 Minuten lang.

BIRNENBROT

6 Port. 60 Min. Leicht

Zutaten

300 g Birne
75 ml Sojamilch
75 g Mehl
75 g Haferflocken (gemahlen)
50 g Rosinen
25 g Walnüsse
3 EL Birnensaft
1 EL Zimt
1 EL Zitronensaft
1 EL Backpulver

Nährwerte p. P.

Brennwert: 362 kcal
Fett: 8 g
Kohlenhydrate: 62 g
Eiweiß: 7 g

1 Heizen Sie Ihren Minibackofen auf 180 °C Ober-/Unterhitze vor.

2 Waschen und entkernen Sie die Birnen. Schneiden Sie sie anschließend in kleine Stücke.

3 Verkneten Sie die Birne mit den restlichen Zutaten zu einem Teig.

4 Geben Sie den Teig in eine Backform und backen Sie ihn ca. 50 Minuten lang.

FRISCHE ROGGEN-KRÄUTER-BRÖTCHEN

5 Port.

50 Min.

Leicht

Zutaten

500 ml Wasser (lauwarm)
250 g Roggenmehl
5 g frische Hefe
25 g Sauerteig
1 EL frische Kräuter
½ EL Salz

Nährwerte p. P.

Brennwert: 95 kcal
Fett: 1 g
Kohlenhydrate: 19 g
Eiweiß: 3 g

1 Verrühren Sie den Sauerteig mit dem Wasser und geben Sie die Hefe hinzu.

2 Vermengen Sie die Mischung mit der Hälfte des Mehls und lassen Sie den Teig über Nacht zugedeckt an einem warmen Ort stehen.

3 Verkneten Sie die restlichen Zutaten mit dem Teig und formen Sie ihn zu gleichmäßigen Kugeln.

4 Bepinseln Sie die Brötchen mit etwas Wasser und schneiden Sie sie ein.

5 Backen Sie die Brötchen im vorgeheizten Minibackofen bei 220 °C Ober-/Unterhitze ca. 25 Minuten lang.

GURKENBROT

4 Port.

90 Min.

Leicht

Zutaten

100 g Mehl
100 g Zucker
50 g Gurke
45 ml Pflanzenöl
1 Ei
½ Pck Vanillezucker
½ TL Zitronensaft
1 Pr Salz
1 Pr Natron
1 Pr Backpulver

Nährwerte p. P.

Brennwert: 282 kcal
Fett: 12 g
Kohlenhydrate: 41 g
Eiweiß: 3 g

1 Schälen und halbieren Sie die Gurke. Schaben Sie anschließend den wässrigen Teil inklusive der Kerne aus und zerreiben Sie den Rest.

2 Heizen Sie Ihren Minibackofen auf 180 °C Ober-/Unterhitze vor.

3 Verrühren Sie das Ei mit dem Öl und dem Zucker. Geben Sie anschließend die Gurken, den Vanillezucker und den Zitronensaft dazu.

4 Vermengen Sie das Mehl mit dem Salz, dem Natron und dem Backpulver und rühren Sie die Mischung unter die Zutaten aus Schritt 3.

5 Füllen Sie den Teig in eine Kastenform und backen Sie das Brot ca. 60 Minuten lang.

BROWNIES

4 Port.

30 Min.

Leicht

Zutaten

100 g Zartbitterkuvertüre
100 g Butter
40 g Zucker
40 g Mehl
1 Ei
2 EL Kakaopulver
1 TL Backpulver

Nährwerte p. P.

Brennwert: 849 kcal
Fett: 62 g
Kohlenhydrate: 121 g
Eiweiß: 17 g

1 Heizen Sie Ihren Minibackofen auf 160 °C Ober-/Unterhitze vor.

2 Zerhacken Sie die Kuvertüre und schmelzen Sie sie gemeinsam mit der Butter in einem Topf.

3 Schlagen Sie das Ei gemeinsam mit dem Zucker schaumig und heben Sie die Mischung unter die Kuvertüre.

4 Vermengen Sie die verbliebenen Zutaten miteinander und heben Sie sie ebenfalls unter.

5 Geben Sie den Teig in eine Backform und backen Sie die Brownies ca. 25 Minuten lang..

KÜRBIS-KÄSEKUCHEN

3 Port. 60 Min. Mittel

Zutaten

185 g Magerquark
100 g Hokkaidokürbis
75 g Zucker
50 g Butterkekse
35 g Butter
1 Ei
¼ Pck Vanillezucker
1 TL Mehl
1 Pr Salz
1 Pr Kürbiskuchengewürz

Nährwerte p. P.

Brennwert: 387 kcal
Fett: 18 g
Kohlenhydrate: 45 g
Eiweiß: 12 g

1 Fetten Sie eine kleine Springform mit Butter ein.

2 Zerkrümeln Sie die Butterkekse möglichst klein.

3 Lassen Sie die Butter bei schwacher Hitze in einem Topf schmelzen und rühren Sie die Kekskrümel unter.

4 Drücken Sie die Butter-Keks-Mischung fest auf den Boden der Springform.

5 Waschen und halbieren Sie den Kürbis, dann entkernen Sie ihn. Schneiden Sie das Kürbisfleisch in Würfel.

6 Bringen Sie ausreichend Wasser in einem Topf zum Kochen und garen Sie den Kürbis ca. 10 Minuten lang.

7 Pürieren Sie den gekochten Kürbis.

8 Heizen Sie Ihren Backofen auf 180 °C Ober-/Unterhitze vor.

9 Schlagen Sie das Ei auf und verrühren Sie es mit dem Quark, dem Mehl, den Gewürzen, dem Vanillezucker und dem Zucker. Rühren Sie dann auch das Kürbispüree unter.

10 Geben Sie die Mischung aus Schritt 9 in die Backform und backen Sie den Kuchen für 20 Minuten. Reduzieren Sie die Hitze danach auf 150 °C und backen Sie den Kuchen für weitere 45 Minuten.

Tipp: Sollte der Kuchen noch nicht durch sein, oben aber schon dunkel werden, decken Sie ihn einfach mit etwas Backpapier ab.

HAFERBROT

3 Port. 35 Min. Leicht

Zutaten

200 g Weizenmehl
200 ml Hafermilch
80 g Haferflocken
1 EL Olivenöl
8 g Salz
1 g Hefe (frisch)

Nährwerte p. P.

Brennwert: 215 kcal
Fett: 4 g
Kohlenhydrate: 38 g
Eiweiß: 6 g

1 Lassen Sie die Haferflocken ca. 30 Minuten lang in der Hafermilch einweichen. Rühren Sie danach die Hefe unter, bis sie sich vollständig gelöst hat.

2 Verkneten Sie alle Zutaten zu einem glatten Teig und lassen Sie diesen über Nacht ruhen.

3 Heizen Sie Ihren Minibackofen auf 230 °C Ober-/Unterhitze vor und backen Sie das Brot für 10 Minuten. Reduzieren Sie die Temperatur anschließend auf 210 °C und backen Sie das Brot für weitere 30 Minuten.

APFEL-OFENSCHLUPFER

2 Port.

60 Min.

Leicht

Zutaten

200 g Äpfel
125 g Hefezöpfe
100 ml Milch
75 ml Kochsahne (15 % Fett)
1 Ei
1 Pck Vanillezucker
Butter

Nährwerte p. P.

Brennwert: 395 kcal
Fett: 18 g
Kohlenhydrate: 50 g
Eiweiß: 10 g

1 Waschen, halbieren und entkernen Sie die Äpfel. Schneiden Sie sie danach ebenso wie die Hefezöpfe in dünne Scheiben.

2 Fetten Sie eine Auflaufform mit Butter ein und schichten Sie die Hefezöpfe und die Apfelscheiben aufrecht hinein.

3 Heizen Sie Ihren Backofen auf 200 °C Ober-/Unterhitze vor.

4 Verrühren Sie die verbliebenen Zutaten miteinander und geben Sie die Mischung in die Auflaufform. Lassen Sie den Ofenschlupfer ca. 20 Minuten stehen, damit sich der Hefezopf mit der Flüssigkeit vollsaugen kann.

5 Geben Sie die Auflaufform für ca. 30 Minuten in den Minibackofen.

FRANZBRÖTCHEN

3 Port.

100 Min.

Leicht

Zutaten

300 g Mehl
125 ml Milch
70 g Butter
70 g Zucker
1 Ei
¼ Hefewürfel
1 TL Zimt
1 Pr Salz

Nährwerte p. P.

Brennwert: 663 kcal
Fett: 24 g
Kohlenhydrate: 100 g
Eiweiß: 9 g

1 Verrühren Sie das Mehl mit dem Ei, 35 g Zucker, 35 g Butter und dem Salz.

2 Erwärmen Sie die Milch und lösen Sie die Hefe darin auf. Rühren Sie die Mischung unter die Zutaten aus Schritt 1.

3 Lassen Sie den Teig zugedeckt etwa 1 Stunde ruhen.

4 Rollen Sie den Teig aus und verteilen Sie die restliche Butter sowie den verbliebenen Zucker und den Zimt darüber.

5 Schneiden Sie den Teig in Rechtecke und rollen Sie diese auf.

6 Backen Sie die Franzbrötchen bei 180 °C Ober-/Unterhitze ca. 20 Minuten lang.

SCHOKO-NUSS-KEKSE

2 Port.

20 Min.

Leicht

Zutaten

150 g Butter
300 g brauner Zucker
150 g Mehl
100 g Haferflocken
100 g Schokolade
50 g Nussmischung
1 Ei
1 Pck Vanillezucker
1 TL Backpulver
½ TL Salz

Nährwerte p. P.

Brennwert: 462 kcal
Fett: 22 g
Kohlenhydrate: 60 g
Eiweiß: 4 g

1 Zerhacken Sie die Schokolade und die Nüsse.

2 Verrühren Sie das Ei mit der Butter, dem braunen Zucker und dem Vanillezucker.

3 Rühren Sie das Salz, das Backpulver, das Mehl sowie die Haferflocken unter die Zutaten aus Schritt 2.

4 Heben Sie nun auch die Nüsse und die Schokolade unter. Verrühren Sie alles gut.

5 Heizen Sie den Backofen auf 200 °C Ober-/Unterhitze vor.

6 Geben Sie jeweils kleine Teigkleckse auf ein mit Backpapier ausgelegtes Backblech und backen Sie die Kekse ca. 10 Minuten lang.

Hauptgerichte mit Fleisch & Geflügel

ÜBERBACKENE HACKBÄLLCHEN

2 Port.

60 Min.

Leicht

Zutaten

250 g Hackfleisch
300 g Cherrytomaten
150 g Mozzarella
3 Scheiben Toastbrot
50 ml Schlagsahne
1 Ei
1 Zwiebel
1 Knoblauchzehe
Pfeffer
Salz

Nährwerte p. P.

Brennwert: 1.038 kcal
Fett: 78 g
Kohlenhydrate: 34 g
Eiweiß: 45 g

1 Entfernen Sie die Rinde von dem Toastbrot und übergießen Sie die entrindeten Scheiben mit der Sahne.

2 Heizen Sie Ihren Backofen auf 200 °C Ober-/Unterhitze vor.

3 Schälen und zerhacken Sie die Zwiebel und den Knoblauch und braten Sie beides zusammen in einer Pfanne mit etwas Öl an, bis die Zwiebel glasig wird.

4 Vermengen Sie das Hackfleisch mit dem Toast, der Zwiebel und dem Knoblauch und würzen Sie es gut mit Salz und Pfeffer. Rollen Sie es dann zu gleichmäßigen Bällchen.

5 Lassen Sie den Mozzarella abtropfen, während Sie die Hackbällchen in einer Pfanne mit etwas Öl von allen Seiten anbraten.

6 Geben Sie die Hackbällchen in eine Auflaufform.

7 Waschen und halbieren Sie die Tomaten und schneiden Sie den Mozzarella in Scheiben.

8 Geben Sie die Zutaten aus Schritt 7 ebenfalls in die Auflaufform.

9 Überbacken Sie das Hackfleisch ca. 30 Minuten lang.

CURRYHÄHNCHEN

2 Port.

40 Min.

Leicht

Zutaten

400 g Hähnchenbrustfilet
400 g stückige Tomaten
1 Zucchini
1 Zwiebel
3 EL Öl
1 TL Currypulver
Salz

Nährwerte p. P.

Brennwert: 423 kcal
Fett: 16 g
Kohlenhydrate: 16 g
Eiweiß: 50 g

1 Verrühren Sie das Öl mit dem Currypulver und bestreichen Sie das Fleisch mit der Mischung.

2 Schälen und würfeln Sie die Zwiebel. Putzen Sie die Zucchini und schneiden Sie sie in Scheiben.

3 Braten Sie das Fleisch in einer Pfanne mit etwas Öl von allen Seiten an, bis es durch ist. Schneiden Sie es anschließend in kleine Stückchen.

4 Schwitzen Sie die Zwiebel gemeinsam mit der Zucchini kurz an, bis die Zwiebel glasig wird.

5 Geben Sie alle Zutaten in eine Auflaufform, schmecken Sie sie mit Salz ab und garen Sie alles bei 200 °C Ober-/Unterhitze ca. 20 Minuten lang.

KÄSE-SCHINKEN-MAKKARONI

2 Port.

60 Min.

Leicht

Zutaten

400 g Makkaroni
200 g Schinkenwürfel
250 g geriebener Käse
800 ml Milch
50 g Butter
40 g Mehl
1 Zwiebel
1 TL Gemüsebrühe

Nährwerte p. P.

Brennwert: 968 kcal
Fett: 45 g
Kohlenhydrate: 89 g
Eiweiß: 49 g

1 Schälen und würfeln Sie die Zwiebel.

2 Schmelzen Sie die Butter in einer Pfanne und schwitzen Sie die Zwiebel darin an. Geben Sie dann das Mehl dazu und schwitzen Sie es ebenfalls einige Minuten lang an.

3 Geben Sie die Milch unter ständigem Rühren dazu. Rühren Sie die Gemüsebrühe unter.

4 Garen Sie die Nudeln etwa 8 Minuten lang in kochendem Salzwasser und braten Sie in einer separaten Pfanne die Schinkenwürfel an.

5 Rühren Sie die Schinkenwürfel und den Käse unter die Milchmischung, bis der Käse komplett geschmolzen ist.

6 Geben Sie die Nudeln in eine Auflaufform und gießen Sie die Soße darüber.

7 Überbacken Sie die Makkaroni bei 180 °C Ober-/Unterhitze ca. 25 Minuten lang.

SCHNITZELAUFLAUF

2 Port.

60 Min.

Leicht

Zutaten

2 Schweineschnitzel
1 Zwiebel
1 Knoblauchzehe
400 g stückige Tomaten
1 Zucchini
3 EL Crème fraîche
80 g geriebener Käse

Nährwerte p. P.

Brennwert: 447 kcal
Fett: 31 g
Kohlenhydrate: 5 g
Eiweiß: 36 g

1 Schälen und zerhacken Sie die Zwiebel und den Knoblauch.

2 Schwitzen Sie die Zwiebel und den Knoblauch in einer Pfanne mit etwas Öl an, bis die Zwiebel glasig wird. Geben Sie dann die stückigen Tomaten dazu und lassen Sie alles zusammen ca. 5 Minuten bei schwacher Hitze köcheln.

3 Schneiden Sie die Zucchini in möglichst dünne Scheiben und zerkleinern Sie die Schnitzel.

4 Braten Sie das Fleisch in einer Pfanne mit etwas Öl an, bis es durch ist.

5 Stapeln Sie alle bisher verarbeiteten Zutaten in einer Auflaufform.

6 Verrühren Sie den Käse mit der Crème fraîche und geben Sie die Mischung auf den Auflauf.

7 Backen Sie den Auflauf bei 220 °C Ober-/Unterhitze etwa 30 Minuten lang.

MINI-HACKBRATEN

2 Port.

45 Min.

Leicht

Zutaten

400 g Hackfleisch
8 Scheiben Bacon
1 Ei
20 g Paniermehl
½ TL Senf
½ TL Paprikapulver
½ TL Rosmarin

Nährwerte p. P.

Brennwert: 717 kcal
Fett: 55 g
Kohlenhydrate: 8 g
Eiweiß: 48 g

1 Vermengen Sie das Fleisch mit dem Ei, dem Paniermehl, dem Senf und den Gewürzen.

2 Teilen Sie das Fleisch in vier gleich große Braten und wickeln Sie diese in je zwei Scheiben Bacon ein.

3 Garen Sie die Mini-Hackbraten bei 200 °C etwa 35 Minuten lang.

GEFÜLLTE PAPRIKA

2 Port.

90 Min.

Leicht

Zutaten

250 g Hackfleisch
50 g gekochter Reis
½ Zwiebel
4 Paprika (rot)
250 ml Gemüsebrühe
1 Ei
Pfeffer
Paprikapulver
Salz

Nährwerte p. P.

Brennwert: 539 kcal
Fett: 29 g
Kohlenhydrate: 32 g
Eiweiß: 32 g

1 Schälen und würfeln Sie die Zwiebel und verkneten Sie sie mit dem Hackfleisch und dem Reis.

2 Schlagen Sie das Ei auf und verkneten Sie es ebenfalls mit den Zutaten aus Schritt 1.

3 Heizen Sie Ihren Minibackofen auf 220 °C Ober-/Unterhitze vor.

4 Schneiden Sie die Paprika in der Mitte durch und entkernen Sie sie.

5 Füllen Sie die Paprikahälften mit der Hackfleischmischung.

6 Füllen Sie die Gemüsebrühe in eine Auflaufform und legen Sie die Paprikahälften hinein. Würzen Sie mit Pfeffer, Salz und Paprikapulver.

7 Backen Sie die Paprika etwa 30 Minuten lang.

Tipp: Für die vegane Variante einfach das Hackfleisch durch Couscous ersetzen.

FALSCHER HASE

2 Port.

90 Min.

Mittel

Zutaten

300 g Hackfleisch
180 ml Gemüsefond
¾ Weizenbrötchen
1 Ei
25 g Karotten
15 g Lauch
½ Bund Schnittlauch
Pfeffer
Salz

Nährwerte p. P.

Brennwert: 760 kcal
Fett: 51 g
Kohlenhydrate: 22 g
Eiweiß: 56 g

1 Weichen Sie das Brötchen in lauwarmem Wasser ein, drücken Sie es aus und vermischen Sie es mit dem Hackfleisch.

2 Zerhacken Sie den Schnittlauch und mischen Sie ihn gemeinsam mit dem Ei unter das Hackfleisch. Würzen Sie die Mischung mit Pfeffer und Salz.

3 Formen Sie das Hackfleisch zu einer Rolle.

4 Putzen Sie die Karotten und den Lauch und schneiden Sie beides klein.

5 Geben Sie alle Zutaten in eine Auflaufform und backen Sie sie ca. 60 Minuten bei 175 °C Ober-/Unterhitze.

ÜBERBACKENE BURRITOS

2 Port.

30 Min.

Leicht

Zutaten

400 g Putenschnitzel
400 g Tomaten (stückig)
150 g Mais
150 g geriebener Käse
50 g Kidneybohnen
2 Tortilla-Wraps
1 Paprika
Pfeffer
Salz

Nährwerte p. P.

Brennwert: 936 kcal
Fett: 38 g
Kohlenhydrate: 65 g
Eiweiß: 578 g

1 Waschen Sie die Paprika und schneiden Sie sie anschließend in kleine Würfel.

2 Verrühren Sie die Tomaten mit dem Mais, der Paprika und den Kidneybohnen. Würzen Sie die Mischung mit Pfeffer und Salz.

3 Schneiden Sie das Fleisch in kleine Stücke und braten Sie es an, bis es von allen Seiten durch ist. Geben Sie dann die Mischung aus Schritt 2 dazu und lassen Sie alles zusammen kurz köcheln.

4 Je nach Größe Ihres Minibackofens müssen Sie die Wraps in der Mitte teilen. Geben Sie die Füllung auf die Wraps und rollen Sie sie zusammen.

5 Legen Sie die Burritos in eine Auflaufform und streuen Sie den Käse darüber.

6 Überbacken Sie die Burritos bei 170 °C Ober-/Unterhitze ca. 20 Minuten lang.

HACKFLEISCHBÄLLCHEN TOSKANA

2 Port.

40 Min.

Leicht

Zutaten

200 g Hackfleisch
200 g gehackte Tomaten
50 ml Sahne
50 g geriebener Käse
1 TL Tomatenmark
1 TL italienische Kräuter
Pfeffer
Salz

Nährwerte p. P.

Brennwert: 470 kcal
Fett: 18 g
Kohlenhydrate: 38 g
Eiweiß: 38 g

1 Vermengen Sie das Fleisch mit den italienischen Kräutern, Pfeffer und Salz und formen Sie es zu gleichmäßigen Bällchen.

2 Heizen Sie Ihren Backofen auf 190 °C Ober-/Unterhitze vor.

3 Verrühren Sie die gehackten Tomaten mit dem Tomatenmark, der Sahne sowie Pfeffer und Salz.

4 Geben Sie die Hackbällchen gemeinsam mit der Soße in eine Auflaufform. Streuen Sie den Käse darüber.

5 Backen Sie die Bällchen ca. 25 Minuten lang.

GYROS-MAKKARONI-AUFLAUF

2 Port. 40 Min. Leicht

Zutaten

2 Schweineschnitzel
250 g passierte Tomaten
150 g Makkaroni
125 ml Gemüsebrühe
75 g Feta
1 Zwiebel
1 Knoblauchzehe
Pfeffer
Salz
Paprikapulver

Nährwerte p. P.

Brennwert: 470 kcal
Fett: 18 g
Kohlenhydrate: 38 g
Eiweiß: 38 g

1 Waschen Sie das Fleisch, tupfen Sie es trocken und schneiden Sie es anschließend in Streifen.

2 Schälen und zerhacken Sie die Zwiebel und den Knoblauch.

3 Schwitzen Sie die Zwiebel und den Knoblauch in einer Pfanne mit etwas Öl an.

4 Löschen Sie die Zutaten in der Pfanne mit der Gemüsebrühe und den passierten Tomaten ab. Schmecken Sie die Mischung mit Pfeffer, Salz und Paprika ab.

5 Kochen Sie die Nudeln ca. 8 Minuten lang in kochendem Wasser. Braten Sie in der Zwischenzeit das Fleisch an.

6 Geben Sie alle Zutaten in eine Auflaufform. Bröseln Sie den Feta über die Zutaten.

7 Überbacken Sie den Auflauf im vorgeheizten Backofen bei 200 °C Ober-/Unterhitze ca. 25 Minuten lang.

KARTOFFELN CARBONARA

2 Port.

45 Min.

Leicht

Zutaten

500 g Kartoffeln
150 ml Sahne
75 g Speck (geräuchert)
40 g Parmesan (gerieben)
1 Ei
½ Zwiebel
Salz
Pfeffer

Nährwerte p. P.

Brennwert: 653 kcal
Fett: 44 g
Kohlenhydrate: 43 g
Eiweiß: 21 g

1 Schälen Sie die Kartoffeln und kochen Sie sie ca. 12 Minuten lang. Schneiden Sie sie anschließend in ca. 1 cm dicke Scheiben.

2 Verquirlen Sie das Ei mit der Sahne und rühren Sie den Parmesan unter. Würzen Sie die Mischung mit Pfeffer und Salz.

3 Würfeln Sie die Zwiebel und den Speck.

4 Braten Sie die Zwiebel und den Speck in einer Pfanne mit etwas Öl an.

5 Schichten Sie die Zutaten in eine Auflaufform.

6 Backen Sie den Auflauf im vorgeheizten Ofen bei 180 °C Ober-/Unterhitze ca. 25 Minuten lang.

CRISPY CHICKEN

2 Port.

40 Min.

Mittel

Zutaten

300 g Hähnchenbrustfilet
50 g geriebener Parmesan
5 EL Pankomehl
3 EL Butter
2 Eier
3 EL Mehl
2 EL Milch

Nährwerte p. P.

Brennwert: 749 kcal
Fett: 38 g
Kohlenhydrate: 45 g
Eiweiß: 56 g

1 Schmelzen Sie die Butter in einer Pfanne und rühren Sie das Pankomehl unter. Geben Sie die Mischung auf einen Teller und vermengen Sie sie mit dem Parmesan.

2 Verquirlen Sie die Eier mit der Milch.

3 Zerkleinern Sie das Fleisch.

4 Wenden Sie die Fleischstückchen zuerst im Mehl, dann in der Eimischung und zum Schluss in der Pankomischung.

5 Backen Sie die Nuggets bei 180 °C Ober-/Unterhitze etwa 20 Minuten lang.

BRUTZELFLEISCH

 6 Port.

 60 Min.

 Mittel

Zutaten

10 dünne Schweine-schnitzel
200 g geriebener Käse
50 g Röstzwiebeln
1 Knoblauchzehe
3 EL Olivenöl
Gewürze nach Wahl

Nährwerte p. P.

Brennwert: 612 kcal
Fett: 41 g
Kohlenhydrate: 5 g
Eiweiß: 55 g

1 Schälen und zerhacken Sie den Knoblauch. Verrühren Sie ihn anschließend mit dem Öl. Geben Sie auch die Gewürze dazu.

2 Marinieren Sie die Schweineschnitzel mit der Mischung aus Schritt 1.

3 Lassen Sie die Schnitzel zugedeckt über Nacht im Kühlschrank ziehen.

4 Stapeln Sie die Schnitzel abwechselnd mit dem Käse in einer Auflaufform.

5 Brutzeln Sie das Fleisch erst 25 Minuten lang bei 230 °C Ober-/Unterhitze und anschließend noch einmal 20 Minuten lang bei 180 °C.

6 Verteilen Sie die Röstzwiebeln auf dem Fleisch.

Hauptspeisen mit Fisch & Meeresfrüchten

KARTOFFEL-LACHS-GRATIN

2 Port.

40 Min.

Leicht

Zutaten

400 g Kartoffeln (festkochend)
350 g Lachsfilet
100 g Crème fraîche
25 ml Milch
1 Ei
2 EL Zitronensaft
1 Bund Dill

Nährwerte p. P.

Brennwert: 825 kcal
Fett: 54 g
Kohlenhydrate: 34 g
Eiweiß: 47 g

1 Geben Sie die Kartoffeln ungeschält in Salzwasser und kochen Sie diese auf. Lassen Sie die Kartoffeln im kochenden Wasser ca. 20 Minuten garen.

2 Schrecken Sie die Kartoffeln ab und pellen Sie sie.

3 Heizen Sie Ihren Backofen auf 200 °C Ober-/Unterhitze vor.

4 Schneiden Sie den Lachs sowie die Kartoffeln in ca. 1 cm dicke Scheiben und stapeln Sie beides in einer kleinen Auflaufform.

5 Verquirlen Sie die Crème fraîche mit dem Ei, der Milch und dem Zitronensaft und geben Sie die Mischung in die Auflaufform.

6 Zerhacken Sie den Dill und verteilen Sie ihn über den anderen Zutaten.

7 Backen Sie den Auflauf ca. 25 Minuten lang.

SAIBLING À LA BORDELAISE

4 Port.

40 Min.

Mittel

Zutaten

2 Saiblinge
6 Scheiben Toastbrot
180 g Butter
1 Zwiebel
1 Knoblauchzehe
½ Bund Dill
½ Bund Petersilie
1 Zitrone
2 Eiweiße
1 EL Honig

Nährwerte p. P.

Brennwert: 504 kcal
Fett: 38 g
Kohlenhydrate: 17 g
Eiweiß: 21 g

1 Schälen und zerhacken Sie die Zwiebel und den Knoblauch.

2 Schmelzen Sie die Butter in einer Pfanne und schwitzen Sie die Zwiebel und den Knoblauch darin an, bis Ersteres glasig wird.

3 Zerkleinern Sie den Toast und geben Sie es ebenfalls in die Pfanne. Braten Sie es an, bis es von allen Seiten goldbraun ist.

4 Waschen und zerhacken Sie die Kräuter.

5 Reiben Sie etwas Schale von der Zitrone ab und pressen Sie den Saft aus.

6 Geben Sie ca. 1 EL des Zitronensafts und den Abrieb zusammen mit dem Honig zu der Brotmischung und verrühren Sie alles gut. Geben Sie auch die Kräuter dazu.

7 Schlagen Sie das Eiweiß auf und verrühren Sie es mit den anderen Zutaten.

8 Geben Sie den Fisch in eine Auflaufform und verteilen Sie die anderen Zutaten darüber.

9 Backen Sie den Fisch etwa 25 Minuten lang bei 200 °C Ober-/Unterhitze.

FORELLE IN THYMIANSALZKRUSTE

2 Port. 60 Min. Mittel

Zutaten

1 Forelle
250 g Meersalz
2 Zitronenscheiben
2 Zweige Thymian
3 Eiweiße

Nährwerte p. P.

Brennwert: 483 kcal
Fett: 13 g
Kohlenhydrate: 17 g
Eiweiß: 40 g

1 Heizen Sie Ihren Backofen auf 185 °C Ober-/Unterhitze vor.

2 Waschen Sie den Fisch ab und entschuppen Sie ihn, falls nötig. Befüllen Sie ihn mit den Zitronenscheiben.

3 Schlagen Sie das Eiweiß steif.

4 Zerhacken Sie den Thymian und heben Sie ihn gemeinsam mit dem Meersalz unter das Eiweiß.

5 Bestreichen Sie den Boden einer Auflaufform oder eines Backblechs mit einem Esslöffel der Eiweißmischung. Legen Sie die Forelle darauf und bedecken Sie sie mit dem restlichen Eischnee.

6 Backen Sie die Forelle für etwa 40 Minuten.

SCHOLLENFILET

2 Port.

40 Min.

Leicht

Zutaten

400 g Schollenfilet
75 ml Schlagsahne
1 TL Ingwer
2 EL Mandelblätter
1 TL Currypulver
1 TL Zitronensaft
Pfeffer
Salz

Nährwerte p. P.

Brennwert: 435 kcal
Fett: 22 g
Kohlenhydrate: 31 g
Eiweiß: 11 g

1 Heizen Sie Ihren Backofen auf 180 °C Ober-/Unterhitze vor.

2 Rösten Sie die Mandelblättchen in einer Pfanne an.

3 Beträufeln Sie den Fisch mit Zitronensaft und legen Sie ihn in eine Auflaufform. Würzen Sie ihn mit Pfeffer und Salz.

4 Verrühren Sie die verbliebenen Zutaten miteinander und gießen Sie sie über die Schollenfilets.

5 Backen Sie die Schollenfilets ca. 20 Minuten lang.

GRATINIERTE MIESMUSCHELN

2 Port.

50 Min.

Mittel

Zutaten

300 g Miesmuscheln
60 g Butter
50 ml Weißwein
1 Schalotte
2 Eigelbe
½ TL Pfeffer
½ Lorbeerblatt

Nährwerte p. P.

Brennwert: 755 kcal
Fett: 69 g
Kohlenhydrate: 15 g
Eiweiß: 12 g

1 Waschen Sie die Muscheln gründlich, brechen Sie sie vorsichtig auf und tupfen Sie das Muschelfleisch vorsichtig trocken.

2 Schälen und würfeln Sie die Schalotte. Dünsten Sie sie anschließend in einer Pfanne mit etwas Öl an und löschen Sie sie dann mit dem Wein ab.

3 Fügen Sie den Pfeffer und das Lorbeerblatt hinzu und lassen Sie alles bei geringer Wärmezufuhr ca. 8 Minuten köcheln, bis die Flüssigkeit stark reduziert wurde.

4 Schmelzen Sie die Butter und schäumen Sie sie anschließend auf.

5 Entfernen Sie das Lorbeerblatt.

6 Vermengen Sie in einem heißen Wasserbad das Eigelb mit der Weinmischung und schlagen Sie beides zusammen cremig. Schlagen Sie dann die Butter unter.

7 Legen Sie die Muscheln auf ein Backblech und geben Sie jeweils einen Löffel Soße auf das Muschelfleisch.

8 Überbacken Sie die Muscheln im vorgeheizten Backofen bei 200 °C Ober-/Unterhitze ca. 10 Minuten lang.

OFENLACHS MIT KRÄUTERKRUSTE

2 Port.

25 Min.

Leicht

Zutaten

350 g Lachsfilet mit Haut
1 Zitrone
25 g Parmesan (gerieben)
10 g Walnüsse (gehackt)
10 g Semmelbrösel
1 EL Honig
1 TL Koriander
1 TL Petersilie
Pfeffer
Salz

Nährwerte p. P.

Brennwert: 390 kcal
Fett: 18 g
Kohlenhydrate: 15 g
Eiweiß: 41 g

1 Heizen Sie Ihren Minibackofen auf 170 °C Ober-/Unterhitze vor.

2 Reiben Sie die Schale von der Zitrone ab und verrühren Sie sie mit dem Parmesan, dem Koriander, der Petersilie, den Walnüssen, dem Honig sowie den Semmelbröseln. Würzen Sie die Mischung mit Pfeffer und Salz.

3 Waschen Sie den Lachs und tupfen Sie ihn trocken.

4 Legen Sie den Lachs mit der Haut nach unten in eine Auflaufform und geben Sie das Topping darauf.

5 Backen Sie den Lachs ca. 20 Minuten lang.

MAKKARONI-THUNFISCHAUFLAUF

2 Port.

50 Min.

Leicht

Zutaten

200 g Makkaroni
200 g stückige Tomaten
1 Dose Thunfischfilet
150 g Erbsen
100 ml Sahne
1 Schalotte
1 EL Tomatenmark
Pfeffer
Oregano
Salz
Paprikapulver

Nährwerte p. P.

Brennwert: 913 kcal
Fett: 49 g
Kohlenhydrate: 93 g
Eiweiß: 33 g

1 Heizen Sie Ihren Minibackofen auf 200 °C Ober-/Unterhitze vor.

2 Garen Sie die Nudeln etwa 7 Minuten lang in kochendem Salzwasser.

3 Gießen Sie den Thunfisch ab und schälen und zerhacken Sie die Schalotte.

4 Schwitzen Sie die Schalotte in einer Pfanne mit etwas Öl an, bis sie glasig wird. Löschen Sie sie dann mit der Sahne ab und würzen Sie sie kräftig mit den oben aufgelisteten Gewürzen.

5 Rühren Sie die stückigen Tomaten und die Hälfte des Thunfischs unter die Zutaten aus Schritt 4. Lassen Sie alles bei mittlerer Wärmezufuhr ca. 4 Minuten lang köcheln und pürieren Sie die Zutaten anschließend.

6 Schichten Sie alle bisher verarbeiteten Zutaten sowie die Erbsen, den Fisch und das Tomatenmark in einer Auflaufform und backen Sie sie ca. 30 Minuten lang.

Vegetarische Hauptgerichte

SPITZKOHL-KARTOFFEL-AUFLAUF

2 Port.

75 Min.

Leicht

Zutaten

200 g Kartoffeln
200 ml Milch
200 g Spitzkohl
1 EL Mehl
1 EL Butter
1 EL Kapern
1 TL Hartkäse

Nährwerte p. P.

Brennwert: 402 kcal
Fett: 26 g
Kohlenhydrate: 28 g
Eiweiß: 11 g

1 Schälen Sie die Kartoffeln und garen Sie sie ca. 20 Minuten lang in kochendem Salzwasser. Schneiden Sie sie anschließend in dünne Scheiben.

2 Schmelzen Sie die Butter bei mittlerer Hitze in einem Topf und sieben Sie das Mehl hinein. Geben Sie dann nach und nach die Milch hinzu und lassen Sie alles bei schwacher Hitze ca. 20 Minuten unter regelmäßigem Rühren köcheln.

3 Waschen Sie den Spitzkohl und blanchieren Sie ihn kurz in kochendem Salzwasser.

4 Rühren Sie den Käse, die Kartoffeln und die Kapern unter die Soße und geben Sie alle Zutaten gemeinsam mit dem Spitzkohl in eine Auflaufform.

5 Backen Sie den Auflauf ca. 30 Minuten lang bei 180 °C Ober-/Unterhitze.

OFEN-TORTELLONI

2 Port. 35 Min. Leicht

Zutaten

250 g Spinat-Ricotta-Tortelloni
250 g Brokkoli
250 g Spargel (grün)
250 ml Gemüsebrühe
125 g Cherrytomaten
100 g Crème fraîche
4 EL Olivenöl
1 EL Pesto
Pfeffer
Salz

Nährwerte p. P.

Brennwert: 550 kcal
Fett: 31 g
Kohlenhydrate: 48 g
Eiweiß: 17 g

1 Heizen Sie Ihren Minibackofen auf 200 °C Ober-/Unterhitze vor.

2 Waschen Sie den Brokkoli und den Spargel und schneiden Sie beides klein.

3 Waschen und halbieren Sie die Tomaten.

4 Geben Sie alle Zutaten, bis auf die Crème fraîche und das Pesto, in eine Auflaufform.

5 Garen Sie die Zutaten ca. 20 Minuten lang.

6 Verrühren Sie die Crème fraîche mit dem Pesto und verteilen Sie die Mischung auf den fertigen Tortelloni.

7 Überbacken Sie die Tortelloni ca. 10 Minuten lang.

PANIERTER BLUMENKOHL

2 Port.

40 Min.

Leicht

Zutaten

½ Blumenkohl
50 g Cornflakes
1 Ei
3 EL Milch
Pfeffer
Salz

Nährwerte p. P.

Brennwert: 530 kcal
Fett: 13 g
Kohlenhydrate: 84 g
Eiweiß: 16 g

1 Teilen Sie den Blumenkohl in Röschen und geben Sie ihn für ca. 7 Minuten in kochendes Salzwasser.

2 Verquirlen Sie das Ei mit der Milch und zerbröseln Sie die Cornflakes. Würzen Sie die Eimischung mit Pfeffer und Salz.

3 Ziehen Sie den Blumenkohl erst durch die Eimischung und anschließend durch die Cornflakes.

4 Backen Sie den Blumenkohl bei 220 °C Ober-/Unterhitze ca. 20 Minuten lang.

GEFÜLLTE ZUCCHINI

2 Port.

60 Min.

Leicht

Zutaten

2 Zucchini
100 g Couscous
100 g Hüttenkäse
100 g geriebener Käse
3 EL Kräutermischung
1 EL Olivenöl
1 TL Tomatenmark

Nährwerte p. P.

Brennwert: 415 kcal
Fett: 26 g
Kohlenhydrate: 24 g
Eiweiß: 23 g

1 Bereiten Sie den Couscous nach Packungsanweisung zu.

2 Heizen Sie Ihren Backofen auf 180 °C Ober-/Unterhitze vor.

3 Waschen und halbieren Sie die Zucchini. Höhlen Sie sie aus und schneiden Sie das Fruchtfleisch in Würfel.

4 Verrühren Sie den Couscous mit dem Hüttenkäse und dem geriebenen Käse. Geben Sie auch die Kräutermischung und das Tomatenmark hinzu.

5 Füllen Sie die Zucchini mit der Mischung aus Schritt 4 und geben Sie sie in eine Auflaufform. Beträufeln Sie sie mit Öl.

6 Backen Sie die gefüllte Zucchini ca. 30 Minuten lang.

PILZ-LASAGNE

2 Port.

40 Min.

Leicht

Zutaten

6 Lasagneblätter
200 g Shiitake-Pilze
200 g Champignons
100 g Steinpilze
100 g Staudensellerie
100 ml Weißwein
400 g stückige Tomaten
350 ml Milch
75 g Karotten
50 g Parmesan
25 g Mehl
25 g Butter
3 EL Olivenöl
1 TL Tomatenmark
Pfeffer
Zucker
Salz

Nährwerte p. P.

Brennwert: 810 kcal
Fett: 41 g
Kohlenhydrate: 74 g
Eiweiß: 28 g

1 Putzen und zerkleinern Sie alle drei Pilzarten sowie den Staudensellerie. Schälen und würfeln Sie die Karotten.

2 Erhitzen Sie das Öl in einer Pfanne und braten Sie die Pilze darin scharf an. Geben Sie dann die Karotten und den Staudensellerie dazu und braten Sie alles zusammen bei starker Hitze ca. 5 Minuten lang.

3 Löschen Sie die Zutaten in der Pfanne mit Weißwein ab und rühren Sie das Tomatenmark sowie die stückigen Tomaten unter. Schmecken Sie die Mischung mit Pfeffer, Salz und etwas Zucker ab und lassen Sie alles bei mittlerer Hitze ca. 25 Minuten kochen.

4 Schmelzen Sie die Butter in einem Topf und sieben Sie das Mehl hinein. Geben Sie den Parmesan und die Milch hinzu und rühren Sie alles gut um.

5 Stapeln Sie alle Zutaten in einer Auflaufform. Fangen Sie mit einer Schicht Lasagneplatten an, geben Sie dann die Pilzmischung darauf und zum Schluss die Soße.

6 Backen Sie die Lasagne bei 180 °C Ober-/Unterhitze ca. 30 Minuten.

FRITTATA

2 Port.

35 Min.

Mittel

Zutaten

2 Eier
20 g getrocknete Tomaten
20 g Gouda
1 Stängel Lauchzwiebel
1 EL Walnussöl
1 TL gehackte Walnüsse
1 EL Maisgrieß
Pfeffer
Salz

Nährwerte p. P.

Brennwert: 248 kcal
Fett: 15 g
Kohlenhydrate: 18 g
Eiweiß: 11 g

1 Heizen Sie Ihren Backofen auf 175 °C Ober-/Unterhitze vor.

2 Schlagen Sie die Eier auf und rühren Sie das Öl unter.

3 Würfeln Sie den Gouda. Waschen Sie die Lauchzwiebel ab und schneiden Sie sie in Ringe. Schneiden Sie die Tomaten in feine Streifen.

4 Vermengen Sie alle Zutaten miteinander und würzen Sie sie mit Pfeffer und Salz.

5 Verteilen Sie die Mischung auf Muffinförmchen und backen Sie die Frittata etwa 10 Minuten lang.

ZWIEBELKUCHEN

2 Port.

80 Min.

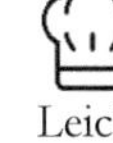
Leicht

Zutaten

300 g Zwiebeln
80 g Mehl
80 g Schmand
40 ml Milch
5 g Hefe
1 Ei
10 ml Öl
1 Pr Salz
1 Pr Zucker

Nährwerte p. P.

Brennwert: 200 kcal
Fett: 10 g
Kohlenhydrate: 20 g
Eiweiß: 8 g

1 Erwärmen Sie die Milch, bis sie lauwarm ist, und rühren Sie dann den Zucker und die Hefe unter.

2 Vermischen Sie die Mischung aus Schritt 1 mit dem Mehl, dem Öl und dem Salz.

3 Lassen Sie den Teig mindestens 45 Minuten zugedeckt an einem warmen Ort gehen.

4 Schälen und würfeln Sie die Zwiebel.

5 Schwitzen Sie die Zwiebel in einer Pfanne mit etwas Öl an, bis sie glasig wird.

6 Verrühren Sie den Schmand mit dem Ei und den Zwiebeln.

7 Kneten Sie den Teig noch einmal durch, bevor Sie ihn gleichmäßig ausrollen.

8 Verteilen Sie die Schmandmischung auf dem Teig.

9 Backen Sie den Zwiebelkuchen im vorgeheizten Backofen bei 200 °C Ober-/Unterhitze ca. 30 Minuten lang.

QUARKTASCHEN-LASAGNE

2 Port. 45 Min. Leicht

Zutaten

150 g Brokkoli
150 g geriebener Käse
200 g Maultaschen (vegetarisch)
300 g Tomaten (stückig)
1 Zwiebel
1 Handvoll Cherrytomaten
Pfeffer
Oregano
Salz

Nährwerte p. P.

Brennwert: 681 kcal
Fett: 40 g
Kohlenhydrate: 42 g
Eiweiß: 36 g

1 Heizen Sie Ihren Backofen auf 220 °C Ober-/Unterhitze vor.

2 Schälen und würfeln Sie die Zwiebel. Schwitzen Sie sie in einer Pfanne mit etwas Öl an, bis sie glasig wird.

3 Löschen Sie die Zwiebeln mit den stückigen Tomaten ab und würzen Sie die Mischung mit Pfeffer, Salz und Oregano. Lassen Sie sie dann ca. 10 Minuten köcheln.

4 Schneiden Sie die Maultaschen in Scheiben, teilen Sie den Brokkoli in Röschen und halbieren Sie die Tomaten.

5 Legen Sie den Boden einer Auflaufform mit einem Teil der Maultaschen aus. Geben Sie dann eine Schicht Tomatensoße, ein bisschen Brokkoli und ein paar Cherrytomaten darauf, dann folgt eine weitere Schicht Maultaschen.

6 Setzen Sie den Stapelvorgang fort, bis alle Zutaten aufgebraucht sind. Als oberste Schicht verteilen Sie den Käse auf den anderen Zutaten.

7 Backen Sie die Lasagne für ca. 20 Minuten.

SÜßKARTOFFEL-AUFLAUF

2 Port. 60 Min. Leicht

Zutaten

250 g Süßkartoffeln
200 g Tomaten (stückig)
100 g Feta
150 ml Gemüsebrühe
2 Knoblauchzehen
1 Zwiebel
3 EL Crème fraîche
1 Handvoll Cherrytomaten
Pfeffer
Oregano
Salz

Nährwerte p. P.

Brennwert: 716 kcal
Fett: 29 g
Kohlenhydrate: 83 g
Eiweiß: 26 g

1 Schälen und würfeln Sie die Süßkartoffeln. Waschen Sie die Tomaten und halbieren Sie sie.

2 Schälen und zerhacken Sie die Zwiebel und den Knoblauch.

3 Schwitzen Sie die Zwiebel und den Knoblauch in einer Pfanne mit etwas Öl an. Löschen Sie dann mit der Brühe ab und geben Sie die gestückelten Tomaten und die Süßkartoffeln dazu. Lassen Sie alles köcheln, bis die Kartoffeln weich sind. Würzen Sie mit Pfeffer, Salz und Oregano.

4 Geben Sie alle Zutaten in eine Auflaufform. Verteilen Sie zum Schluss die Crème fraîche und den Feta auf dem Auflauf.

5 Backen Sie alles bei 180 °C Ober-/Unterhitze ca. 45 Minuten lang.

BUNTE PASTA

2 Port. 35 Min. Leicht

Zutaten

200 g Nudeln
200 g passierte Tomaten
300 ml Gemüsebrühe
75 g Mais
75 g Erbsen
50 g Parmesan (gerieben)
Pfeffer
Salz

Nährwerte p. P.

Brennwert: 620 kcal
Fett: 23 g
Kohlenhydrate: 71 g
Eiweiß: 26 g

1 Lassen Sie den Mais abtropfen.

2 Verrühren Sie die passierten Tomaten mit der Gemüsebrühe und geben Sie die Mischung gemeinsam mit den Nudeln in eine Auflaufform. Die Nudeln sollten komplett mit Flüssigkeit bedeckt sein.

3 Verteilen Sie den Mais und die Erbsen auf den Nudeln.

4 Backen Sie die Pasta bei 200 °C Ober-/Unterhitze ca. 30 Minuten lang.

5 Würzen Sie die Pasta mit Pfeffer und Salz und streuen Sie den Parmesan darüber.

GNOCCHI-AUFLAUF

2 Port.

50 Min.

Leicht

Zutaten

200 g Gnocchi
400 g passierte Tomaten
200 g geriebener Käse
150 g Schmand
100 g Zucchini
50 g Paprika (rot)
50 g Lauch
2 Knoblauchzehen
1 Zwiebel

Nährwerte p. P.

Brennwert: 887 kcal
Fett: 55 g
Kohlenhydrate: 57 g
Eiweiß: 37 g

1 Schälen und zerhacken Sie die Zwiebel sowie den Knoblauch. Schwitzen Sie beides zusammen in einer Pfanne mit etwas Öl an, bis die Zwiebel glasig wird.

2 Waschen Sie die Zucchini, die Paprika und den Lauch und schneiden Sie alles klein. Geben Sie diese Zutaten dann zu der Zwiebel und dem Knoblauch in die Pfanne.

3 Geben Sie nach ca. 10 Minuten den Schmand und die passierten Tomaten dazu und köcheln Sie alles unter regelmäßigem Rühren.

4 Bereiten Sie die Gnocchi nach Packungsvorgabe zu und rühren Sie sie unter die Soße.

5 Heizen Sie den Backofen auf 200 °C Ober-/Unterhitze vor und geben Sie alle Zutaten in eine Auflaufform. Streuen Sie den Käse über den Auflauf.

6 Überbacken Sie den Auflauf etwa 30 Minuten lang.

Vegane Hauptgerichte

ÜBERBACKENES LINSEN-CURRY

 3 Port.

 25 Min.

 Mittel

Zutaten

100 g rote Linsen
200 ml Kokosmilch
100 ml Gemüsebrühe
100 g geriebene Käse-Alternative (vegan)
1 rote Zwiebel
¼ Blumenkohl
½ Paprikaschote (rot)
1 EL Kokosöl
1 TL rote Currypaste
Pfeffer
Salz

Nährwerte p. P.

Brennwert: 281 kcal
Fett: 18 g
Kohlenhydrate: 28 g
Eiweiß: 11 g

1 Schälen und zerhacken Sie die Zwiebel und trennen Sie den Blumenkohl in kleine Röschen.

2 Waschen und würfeln Sie die Paprika.

3 Geben Sie das Kokosöl in eine Pfanne und schwitzen Sie die Zwiebel bei mittlerer Wärmezufuhr kurz darin an. Rühren Sie dann die Currypaste unter und braten Sie sie für 2 Minuten mit an.

4 Geben Sie den Blumenkohl, die Linsen und die Paprika mit in die Pfanne und braten Sie alles zusammen gut an.

5 Löschen Sie die Zutaten in der Pfanne mit der Gemüsebrühe und der Kokosmilch ab. Lassen Sie alles bei niedriger Hitze ca. 10 Minuten lang köcheln.

6 Schmecken Sie das Curry mit Pfeffer und Salz ab.

7 Geben Sie das Curry in eine Auflaufform und streuen Sie den Käse darüber.

8 Überbacken Sie das Curry bei 180 °C Oberhitze ca. 15 Minuten lang.

Tipp: Als Beilage können Sie zu diesem Curry Naan Brot und einen veganen Joghurt-Dip servieren.

GEFÜLLTE AUBERGINEN

2 Port.

60 Min.

Leicht

Zutaten

2 Auberginen
1 Tomate
½ Paprika (gelb)
½ Zwiebel
25 g Semmelbrösel
1 EL Petersilie (gehackt)
Salz

Nährwerte p. P.

Brennwert: 295 kcal
Fett: 19 g
Kohlenhydrate: 18 g
Eiweiß: 12 g

1 Waschen Sie die Auberginen. Halbieren Sie sie anschließend längs und lösen Sie das Fruchtfleisch heraus.

2 Würzen Sie die Auberginenhälften mit Salz und backen Sie sie bei 200 °C Ober-/Unterhitze ca. 20 Minuten.

3 Putzen Sie die Paprika und schneiden Sie sie gemeinsam mit dem Auberginenfruchtfleisch in Würfel.

4 Schälen und zerhacken Sie die Zwiebel. Schneiden Sie die Tomate klein.

5 Vermengen Sie das Gemüse mit den Semmelbröseln und der Petersilie.

6 Befüllen Sie die Auberginen mit der Gemüsemischung und backen Sie sie weitere 25 Minuten lang.

KARTOFFELKUCHEN

2 Port.

70 Min.

Leicht

Zutaten

600 g Kartoffeln
75 g Tofu
1 Zwiebel
1 EL Kichererbsenmehl
2 EL Wasser
1 TL Mehl
Pfeffer
Salz

Nährwerte p. P.

Brennwert: 405 kcal
Fett: 8 g
Kohlenhydrate: 63 g
Eiweiß: 19 g

1 Schälen und zerreiben Sie die Kartoffeln und die Zwiebel.

2 Vermengen Sie die Kartoffeln mit der Zwiebel und dem Mehl.

3 Verrühren Sie das Kichererbsenmehl mit dem Wasser, bis es sich komplett aufgelöst hat.

4 Schneiden Sie den Tofu in Würfel.

5 Vermengen Sie alle Zutaten miteinander und schmecken Sie die Masse mit Pfeffer und Salz ab.

6 Geben Sie die Masse in eine Auflauf- oder Kuchenform und backen Sie sie im vorgeheizten Backofen bei 220 °C Ober-/Unterhitze ca. 50 Minuten lang. Reduzieren Sie die Hitze nach der Hälfte der Zeit auf 200 °C.

VEGANER FLAMMKUCHEN

2 Port.

35 Min.

Leicht

Zutaten

½ Pck Flammkuchenteig (vegan)
150 g Creme Vega
3 Champignons
2 Frühlingszwiebeln
1 Kartoffel
Pfeffer
Salz

Nährwerte p. P.

Brennwert: 448 kcal
Fett: 27 g
Kohlenhydrate: 11 g
Eiweiß: 6 g

1 Heizen Sie Ihren Backofen auf 220 °C Ober-/Unterhitze vor.

2 Schälen Sie die Kartoffel und geben Sie sie für ca. 15 Minuten in kochendes Wasser.

3 Waschen Sie die Champignons und die Frühlingszwiebeln und schneiden Sie beide Zutaten klein.

4 Rollen Sie den Teig aus und bestreichen Sie ihn mit der Creme Vega.

5 Schneiden Sie die Kartoffeln in Scheiben und belegen Sie den Flammkuchen mit allen verbliebenen Zutaten. Würzen Sie mit Pfeffer und Salz.

6 Backen Sie den Flammkuchen ca. 15 Minuten lang.

BLUMENKOHL NACH ARABISCHER ART

4 Port.

40 Min.

Leicht

Zutaten

600 g Blumenkohl
4 EL Olivenöl
5 Datteln
3 EL Granatapfelkerne
2 EL Petersilie
1 TL Salz
1 EL Za'Atar (arabische Gewürzmischung)

Nährwerte p. P.

Brennwert: 217 kcal
Fett: 13 g
Kohlenhydrate: 21 g
Eiweiß: 4 g

1 Teilen Sie den Blumenkohl in Röschen und vermengen Sie ihn mit der Gewürzmischung, dem Öl und dem Salz.

2 Geben Sie den Blumenkohl bei 220 °C Ober-/Unterhitze für 20 Minuten in den vorgeheizten Minibackofen.

3 Schneiden Sie die Datteln in Streifen und verrühren Sie sie mit den verbliebenen Zutaten. Geben Sie die Mischung auf den fertigen Blumenkohl.

GEBACKENER SEIDENTOFU

4 Port.

35 Min.

Leicht

Zutaten

250 g Tofu
50 g Mandeln (grob gehackt)
¼ Bund Thymian
4 EL Olivenöl
1 EL Ahornsirup
1 EL Zitronensaft
Salz

Nährwerte p. P.

Brennwert: 434 kcal
Fett: 22 g
Kohlenhydrate: 46 g
Eiweiß: 12 g

1 Waschen und zerhacken Sie den Thymian.

2 Vermengen Sie die Mandeln mit 2 EL Öl und dem Thymian.

3 Geben Sie die Hälfte der Mandelmischung in eine Auflaufform und legen Sie den Tofu darauf.

4 Vermengen Sie die verbliebenen Zutaten mit der restlichen Mischung aus Schritt 2 und geben Sie alles über den Tofu.

5 Backen Sie den Tofu bei 220 °C Ober-/Unterhitze ca. 15 Minuten lang.

QUINOABÄLLE IN TOMATENSOSSE

2 Port.

50 Min.

Mittel

Zutaten

400 ml passierte Tomaten
100 g Quinoa
½ Zwiebel
12 g Puffreis
1 EL Tomatenmark
1 EL Olivenöl
1 TL Petersilie
1 TL Flohsamenschalen
Pfeffer
Oregano
Salz

Nährwerte p. P.

Brennwert: 438 kcal
Fett: 18 g
Kohlenhydrate: 62 g
Eiweiß: 12 g

1 Waschen Sie die Quinoa und bereiten Sie sie nach Packungsbeilage zu.

2 Heizen Sie Ihren Minibackofen auf 180 °C Ober-/Unterhitze vor.

3 Schälen und zerhacken Sie die Zwiebel.

4 Vermischen Sie die fertige Quinoa mit der Zwiebel, der Petersilie, den Flohsamenschalen und dem Puffreis.

5 Vermengen Sie die Quinoamischung mit Tomatenmark, Olivenöl sowie den Gewürzen.

6 Formen Sie die Quinoamasse zu gleichmäßigen Bällchen.

7 Backen Sie die Quinoabällchen ca. 20 Minuten lang.

8 Geben Sie die passierten Tomaten in einen Kochtopf und würzen Sie sie mit den oben aufgelisteten Gewürzen. Erwärmen Sie die Soße.

9 Geben Sie die Soße auf die Quinoabälle.

OFENGEMÜSE

4 Port.

25 Min.

Leicht

Zutaten

2 Tomaten
3 Pilze
2 Karotten
2 rote Zwiebeln
1 Knoblauchknolle
1 Fenchel
Olivenöl
Thymian
Rosmarin
Salz

Nährwerte p. P.

Brennwert: 184 kcal
Fett: 1 g
Kohlenhydrate: 30 g
Eiweiß: 8 g

1 Waschen Sie das Gemüse und schneiden Sie es in mundgerechte Stücke.

2 Halbieren Sie die Knoblauchknolle.

3 Setzen Sie den Knoblauch in die Mitte einer Auflaufform und verteilen Sie das Gemüse um ihn herum.

4 Geben Sie das Öl und die Kräuter sowie etwas Salz darüber.

5 Backen Sie das Gemüse etwa 20 Minuten lang bei 200 °C Ober-/Unterhitze.

Fingerfood & Snacks

PIZZASTANGEN

4 Port.

35 Min.

Leicht

Zutaten

1 Pck Blätterteig
200 g passierte Tomaten
150 g Schinkenwürfel
100 g geriebener Käse
Salz
Oregano
Pfeffer

Nährwerte p. P.

Brennwert: 734 kcal
Fett: 45 g
Kohlenhydrate: 44 g
Eiweiß: 38 g

1 Verrühren Sie die passierten Tomaten mit den Gewürzen.

2 Bestreichen Sie den Blätterteig mit den passierten Tomaten und verteilen Sie darauf die Schinkenwürfel.

3 Klappen Sie den Blätterteig in der Mitte zusammen, sodass die Füllung innen ist, und schneiden Sie ihn in gleich große Stangen.

4 Verdrehen Sie die Stangen und streuen Sie den Käse darauf.

5 Geben Sie die Pizzastangen bei 200 °C Ober-/Unterhitze etwa 25 Minuten lang in den vorgeheizten Backofen.

Tipp: Beim Belegen des Blätterteigs können Sie Ihrer Kreativität freien Lauf lassen!

OFENPOMMES

4 Port.

30 Min.

Leicht

Zutaten

800 g festkochende Kartoffeln
50 ml Olivenöl
1 Knoblauchzehe
Salz

Nährwerte p. P.

Brennwert: 278 kcal
Fett: 13 g
Kohlenhydrate: 35 g
Eiweiß: 4 g

1 Schälen und zerhacken Sie den Knoblauch.

2 Verrühren Sie das Öl mit dem Knoblauch und etwas Salz.

3 Waschen Sie die Kartoffeln und schneiden Sie sie in gleichmäßige, ca. 1 cm dicke, Streifen.

4 Waschen Sie die Pommes so lange mit kaltem Wasser aus, bis es klar bleibt. Tupfen Sie sie anschließend trocken.

5 Bestreichen Sie die Pommes mit der Ölmischung und geben Sie sie bei 200 °C Ober-/Unterhitze für etwa 15 Minuten in den Backofen.

SCHWARZWURZELN

2 Port.

50 Min.

Leicht

Zutaten

300 g Schwarzwurzeln
1 EL Olivenöl
1 EL Kerbel
1 EL Zitronensaft
1 Pr Salz

Nährwerte p. P.

Brennwert: 228 kcal
Fett: 7 g
Kohlenhydrate: 31 g
Eiweiß: 2 g

1 Waschen Sie die Schwarzwurzeln und legen Sie sie auf ein Backblech.

2 Vermengen Sie das Olivenöl mit dem Zitronensaft und dem Salz und verteilen Sie die Mischung auf den Schwarzwurzeln.

3 Backen Sie die Schwarzwurzeln im vorgeheizten Minibackofen bei 200 °C Ober-/Unterhitze ca. 20 Minuten lang.

4 Zerhacken Sie in der Zwischenzeit den Kerbel und streuen Sie ihn auf die fertig gebackenen Schwarzwurzeln.

GETROCKNETE TOMATEN

4 Port. 6 Std. Leicht

Zutaten

150 g Cherrytomaten
2 EL Olivenöl
2 TL Kräutermischung

Nährwerte p. P.

Brennwert: 92 kcal
Fett: 8 g
Kohlenhydrate: 4 g
Eiweiß: 1 g

1 Halbieren Sie die Tomaten und verrühren Sie sie mit dem Öl und den Kräutern.

2 Verteilen Sie die Tomaten mit ausreichend Abstand auf einem Backblech und trocknen Sie sie bei 80 °C Oberhitze ca. 6 Stunden lang.

3 Öffnen Sie während der Backzeit immer wieder kurz die Ofentür, um den feuchten Dampf abzulassen.

KÖTTBULLAR

2 Port.

45 Min.

Leicht

Zutaten

300 g Hackfleisch
1 Ei (Größe S)
75 g Joghurt
½ Zwiebel
½ Knoblauchzehe
2 EL Semmelbrösel

Nährwerte p. P.

Brennwert: 690 kcal
Fett: 38 g
Kohlenhydrate: 46 g
Eiweiß: 36 g

1 Schälen und zerhacken Sie die Zwiebel und den Knoblauch.

2 Vermengen Sie alle Zutaten miteinander.

3 Formen Sie aus der Mischung kleine Bällchen.

4 Backen Sie die Köttbullar bei 220 °C Ober-/Unterhitze ca. 20 Minuten lang, bis sie durch sind.

OFEN-FALAFEL

2 Port.

50 Min.

Mittel

Zutaten

200 g Kichererbsen
100 g Kichererbsenmehl
1 rote Zwiebel
1 Knoblauchzehe
1 EL Petersilie
1 TL Kreuzkümmel
1 Pr Salz

Nährwerte p. P.

Brennwert: 327 kcal
Fett: 5 g
Kohlenhydrate: 47 g
Eiweiß: 17 g

1 Schälen und zerhacken Sie die Zwiebel und den Knoblauch.

2 Geben Sie alle Zutaten in einen Mixer oder pürieren Sie sie mit einem Pürierstab.

3 Formen Sie den Brei zu gleichmäßigen Kugeln.

4 Backen Sie die Falafeln bei 190 °C ca. 25 Minuten lang und wenden Sie sie zwischendurch.

Tipp: Die Falafeln mit Joghurtsoße genießen.

MARONEN

2 Port.

40 Min.

Leicht

Zutaten

500 g Esskastanien mit Schale
1 Pr Salz

Nährwerte p. P.

Brennwert: 490 kcal
Fett: 3 g
Kohlenhydrate: 10 g
Eiweiß: 4 g

1 Ritzen Sie die Kastanien kreuzweise ein und weichen Sie sie über Nacht in Wasser ein.

2 Heizen Sie Ihren Backofen auf 180 °C Ober-/Unterhitze vor.

3 Verteilen Sie das Salz auf den Kastanien.

4 Backen Sie die Kastanien ca. 20 Minuten lang.

Tipp: Sollten Sie während der Backzeit bemerken, dass die Maronen zu trocken sind, stellen Sie eine feuerfeste Schale mit Wasser in den Ofen.

HOTDOG-STRUDEL

2 Port.

15 Min.

Leicht

Zutaten

100 g Blätterteig
2 Würstchen
50 g Gewürzgurken
2 EL Röstzwiebeln
1 EL Ketchup
1 EL Senf
1 Eigelb

Nährwerte p. P.

Brennwert: 481 kcal
Fett: 35 g
Kohlenhydrate: 24 g
Eiweiß: 16 g

1 Breiten Sie den Blätterteig aus und bestreichen Sie ihn mit Ketchup und Senf.

2 Halbieren Sie die Würstchen und legen Sie sie auf den Blätterteig.

3 Schneiden Sie die Gewürzgurken in Scheiben und verteilen Sie sie gemeinsam mit den Röstzwiebeln auf den Würstchen.

4 Klappen Sie den Blätterteig zu.

5 Verquirlen Sie das Eigelb und bestreichen Sie die obere Seite des Teigs damit.

6 Backen Sie den Hotdog-Strudel bei 240 °C Ober-/Unterhitze ca. 20 Minuten lang.

ITALIENISCHES KNABBERGEBÄCK

3 Port. | 90 Min. | Leicht

Zutaten

100 g Weizenmehl
50 ml Wasser
10 ml Olivenöl
4 g Trockenhefe
1 Pr Salz

Nährwerte p. P.

Brennwert: 38 kcal
Fett: 1 g
Kohlenhydrate: 6 g
Eiweiß: 1 g

1 Lösen Sie die Hefe in dem Wasser auf und verrühren Sie sie mit dem Mehl. Rühren Sie auch die anderen Zutaten unter.

2 Lassen Sie den Teig mindestens 2 Stunden lang an einem warmen Ort gehen.

3 Rollen Sie den Teig aus und schneiden Sie ihn in dünne Streifen.

4 Backen Sie das Knabbergebäck bei 200 °C Ober-/Unterhitze ca. 18 Minuten lang.

Tipp: Fügen Sie dem Teig Oliven, getrocknete Tomaten oder gehackte Nüsse hinzu, um dem Gebäck einen besonderen Geschmack zu verleihen.

BRUSCHETTA-TOAST

    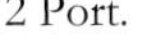

2 Port. 15 Min. Leicht

Zutaten

4 Scheiben Toast
2 Tomaten
2 Knoblauchzehen
½ Zwiebel
1 EL Öl
Pfeffer
Oregano
Salz

Nährwerte p. P.

Brennwert: 173 kcal
Fett: 6 g
Kohlenhydrate: 23 g
Eiweiß: 5 g

1 Schälen und zerhacken Sie den Knoblauch und die Zwiebel.

2 Waschen und würfeln Sie die Tomaten.

3 Verrühren Sie die Tomaten mit der Zwiebel, dem Knoblauch und dem Öl.

4 Schmecken Sie alles mit den Gewürzen ab.

5 Verteilen Sie die Mischung auf den Toasts und backen Sie diese bei 180 °C Oberhitze etwa 10 Minuten lang.

Desserts

BRATAPFEL

2 Port. 30 Min. Leicht

Zutaten

2 Äpfel
75 ml Apfelsaft
40 g Marzipan
25 g Rosinen
20 g Mandeln (gehackt)
1 TL Zimt
1 EL Zitronensaft

Nährwerte p. P.

Brennwert: 299 kcal
Fett: 9 g
Kohlenhydrate: 46 g
Eiweiß: 5 g

1 Waschen Sie die Äpfel und schneiden Sie das obere Viertel ab. Entfernen Sie dann das Kerngehäuse und beträufeln Sie die Äpfel mit dem Zitronensaft.

2 Heizen Sie Ihren Minibackofen auf 200 °C Ober-/Unterhitze vor.

3 Verkneten Sie das Marzipan mit den Rosinen, den Mandeln und dem Zimt.

4 Füllen Sie die Äpfel mit der Mischung aus Schritt 3.

5 Stellen Sie die Äpfel in eine mit dem Apfelsaft gefüllte Auflaufform.

6 Backen Sie die Bratäpfel für 20 Minuten, legen Sie dann die Deckel auf und backen Sie die Äpfel für weitere 5 Minuten.

GEBACKENER ZWETSCHGEN-PUDDING

3 Port.

15 Min.

Leicht

Zutaten

250 g Zwetschgen
200 ml Milch
150 ml Sahne
80 g Mehl
30 g Zucker
3 Eier
1 Pck Vanillezucker

Nährwerte p. P.

Brennwert: 365 kcal
Fett: 13 g
Kohlenhydrate: 46 g
Eiweiß: 14 g

1 Waschen und entsteinen Sie die Zwetschgen. Schneiden Sie sie anschließend in kleine Stücke.

2 Schlagen Sie die Eier gemeinsam mit dem Vanillezucker und dem Zucker schaumig. Rühren Sie dann die Milch und die Sahne unter und sieben Sie das Mehl ein.

3 Heben Sie die Zwetschgen unter und geben Sie die Mischung in eine Auflaufform.

4 Backen Sie den Pudding bei 190 °C Ober-/Unterhitze ca. 35 Minuten lang.

GEBACKENER MILCHREIS

3 Port. 60 Min. Leicht

Zutaten

500 ml Milch
125 g Reis
35 g Zucker
17 g Butter
2 Eier
2 Kardamomkapseln

Nährwerte p. P.

Brennwert: 434 kcal
Fett: 14 g
Kohlenhydrate: 63 g
Eiweiß: 14 g

1 Klopfen Sie die Kardamomkapseln an und lassen Sie sie gemeinsam mit der Milch und der Butter aufkochen.

2 Rühren Sie den Reis unter und lassen Sie ihn ca. 20 Minuten quellen, bevor Sie den Kardamom entfernen.

3 Heizen Sie Ihren Minibackofen auf 180 °C Ober-/Unterhitze vor.

4 Trennen Sie die Eier und schlagen Sie das Eigelb mit dem Zucker cremig. Heben Sie die Masse unter den Reis.

5 Schlagen Sie das Eiweiß auf und heben Sie es ebenfalls unter den Milchreis.

6 Geben Sie den Milchreis in eine Auflaufform und backen Sie ihn ca. 20 Minuten lang.

HIMBEER-MUFFINS

4 Port.

30 Min.

Leicht

Zutaten

125 g Butter
150 g Himbeeren
100 g Mehl
100 g Zucker
50 ml Sahne
1 Pck Vanillezucker
½ Pck Backpulver
2 Eier

Nährwerte p. P.

Brennwert: 588 kcal
Fett: 32 g
Kohlenhydrate: 67 g
Eiweiß: 5 g

1 Schlagen Sie die Eier zusammen mit der Butter sowie dem Zucker und dem Vanillezucker schaumig.

2 Rühren Sie das Mehl, die Sahne und das Backpulver unter.

3 Heben Sie die Himbeeren vorsichtig unter.

4 Verteilen Sie den Teig auf Muffinförmchen und backen Sie die Muffins bei 100 °C Ober-/Unterhitze etwa 25 Minuten.

QUARK-AUFLAUF

4 Port.

60 Min.

Leicht

Zutaten

200 g Magerquark
50 g Haferflocken
50 ml Milch
1 Ei
1 EL Zucker
1 TL Zimt

Nährwerte p. P.

Brennwert: 219 kcal
Fett: 6 g
Kohlenhydrate: 23 g
Eiweiß: 18 g

1 Verrühren Sie den Quark mit dem Ei und dem Zucker.

2 Heizen Sie Ihren Minibackofen auf 200 °C Ober-/Unterhitze vor.

3 Verrühren Sie die Quarkmischung mit der Milch, den Haferflocken und dem Zimt.

4 Füllen Sie die Masse in eine Auflaufform und backen Sie sie ca. 40 Minuten lang.

Tipp: Genießen Sie den Auflauf mit Vanillesoße und frischen Früchten.

ZIMT-HÄPPCHEN

4 Port.

90 Min.

Leicht

Zutaten

100 g Mehl
85 g Margarine
60 g Karamellbonbons (weich)
40 g Zucker
1 EL Wasser
1 TL Zimt

Nährwerte p. P.

Brennwert: 335 kcal
Fett: 9 g
Kohlenhydrate: 24 g
Eiweiß: 3 g

1 Verkneten Sie das Mehl mit 75 g Margarine, dem Zucker und dem Zimt zu einem Mürbeteig und stellen Sie diesen für ca. 30 Minuten kalt.

2 Heizen Sie Ihren Minibackofen auf 175 °C Ober-/Unterhitze vor.

3 Rollen Sie den Teig auf einem Backblech aus und backen Sie ihn ca. 15 Minuten lang.

4 Schmelzen Sie die Karamellbonbons gemeinsam mit dem Wasser und der verbliebenen Margarine bei geringer Hitze in einem Topf.

5 Schneiden Sie den Teig in kleine Häppchen und verteilen Sie die Karamellsoße darauf.

GEBACKENE HONIG-BANANEN

2 Port.

15 Min.

Leicht

Zutaten

2 Bananen
1 TL Ingwer (gerieben)
2 EL Honig
1 EL Limettensaft

Nährwerte p. P.

Brennwert: 365 kcal
Fett: 13 g
Kohlenhydrate: 46 g
Eiweiß: 14 g

1 Schälen und halbieren Sie die Bananen längs. Legen Sie sie anschließend auf je ein Stück Alufolie.

2 Verrühren Sie den Ingwer mit dem Honig und dem Limettensaft und geben Sie die Mischung auf die Bananen.

3 Schließen Sie die Alufolie und backen Sie die Bananen bei 200 °C Ober-/Unterhitze ca. 8 Minuten lang.

Low-Carb & Fitness-Rezepte

HÄHNCHEN-GRATIN

2 Port.

30 Min.

Leicht

Zutaten

400 g Blumenkohl
300 g Hähnchenbrustfilet
100 g rote Zwiebeln
50 g Frühlingszwiebeln
100 g saure Sahne
50 g geriebener Käse
1 EL Olivenöl
Pfeffer
Salz

Nährwerte p. P.

Brennwert: 501 kcal
Fett: 26 g
Kohlenhydrate: 13 g
Eiweiß: 48 g

1 Raspeln Sie den Blumenkohl und schneiden Sie das Fleisch in mundgerechte Stücke.

2 Schneiden Sie die Zwiebel und die Frühlingszwiebel in Ringe.

3 Geben Sie den Blumenkohl in eine Auflaufform und garen Sie ihn im vorgeheizten Minibackofen bei 195 °C Ober-/Unterhitze ca. 20 Minuten lang.

4 Braten Sie das Fleisch in einer Pfanne mit dem Öl an, bis es durch ist. Stellen Sie es dann beiseite.

5 Schwitzen Sie die Zwiebel und die Lauchzwiebel in dem Bratfett, das beim Braten des Fleisches entstanden ist, an.

6 Löschen Sie die Zutaten in der Pfanne mit der sauren Sahne ab und schmecken Sie die Mischung mit Pfeffer und Salz ab.

7 Vermengen Sie alle Zutaten in einer Auflaufform und streuen Sie den Käse darüber.

8 Überbacken Sie den Auflauf ca. 20 Minuten lang.

LACHS MIT ROMANESCO

2 Port.

75 Min.

Leicht

Zutaten

2 Lachsfilets
400 g Romanesco
40 g Butter
2 EL Olivenöl
1 TL Zitronensaft
1 Eigelb
1 EL Orangensaft
1 EL Dill

Nährwerte p. P.

Brennwert: 665 kcal
Fett: 53 g
Kohlenhydrate: 6 g
Eiweiß: 37 g

1 Hobeln Sie den Romanesco in möglichst dünne Scheiben und verteilen Sie diese auf einem Backblech.

2 Verteilen Sie 1 EL Öl auf dem Romanesco und backen Sie ihn im vorgeheizten Ofen bei 220 °C Ober-/Unterhitze ca. 25 Minuten lang.

3 Legen Sie den Lachs auf den Romanesco und bestreichen Sie ihn mit einer Mischung aus dem restlichen Öl und Zitronensaft.

4 Backen Sie den Fisch gemeinsam mit dem Romanesco für weitere 10 Minuten.

5 Schlagen Sie das Eigelb gemeinsam mit dem Orangensaft auf. Verrühren Sie die Mischung dann mit der Butter und dem Dill, bis die Soße cremig wird.

6 Geben Sie die Soße auf den fertigen Fisch.

RACLETTE-TALER

2 Port. 30 Min. Leicht

Zutaten

400 g Butternut-Kürbis
150 g Raclettekäse
50 g rote Zwiebeln
25 g getrocknete Tomaten
Salz
Pfeffer

Nährwerte p. P.

Brennwert: 346 kcal
Fett: 13 g
Kohlenhydrate: 32 g
Eiweiß: 23 g

1 Schälen Sie den Kürbis und schneiden Sie ihn in ca. 1 cm dicke Scheiben.

2 Würzen Sie die Kürbisscheiben mit Pfeffer und Salz und geben Sie ihn für 15 Minuten bei 200 °C Ober-/Unterhitze in den vorgeheizten Backofen.

3 Zerkleinern Sie die Tomaten und die Zwiebel.

4 Belegen Sie die Kürbisscheiben mit den verbliebenen Zutaten und überbacken Sie sie für weitere 10 Minuten.

HACKBRATEN

2 Port.

45 Min.

Leicht

Zutaten

400 g Hackfleisch
120 g Jalapeños (geräuchert)
2 Eier
3 EL Flohsamen
1 EL Ahornsirup

Nährwerte p. P.

Brennwert: 630 kcal
Fett: 45 g
Kohlenhydrate: 8 g
Eiweiß: 43 g

1 Zerhacken Sie die Jalapeños.

2 Vermengen Sie alle Zutaten miteinander.

3 Geben Sie die Mischung in eine Auflaufform und garen Sie den Hackbraten im vorgeheizten Backofen bei 200 °C etwa 40 Minuten lang.

OFENGEMÜSE HAWAII

 2 Port.

 40 Min.

 Leicht

Zutaten

200 g Kohlrabi
150 g Kochschinken
100 g Ananas
100 g Paprika
100 g Zwiebeln
100 g Karotten
50 g geriebener Käse
20 ml Olivenöl

Nährwerte p. P.

Brennwert: 310 kcal
Fett: 13 g
Kohlenhydrate: 19 g
Eiweiß: 24 g

1 Heizen Sie Ihren Minibackofen auf 195 °C Ober-/Unterhitze vor.

2 Schneiden Sie das Gemüse in mundgerechte Stücke und verrühren Sie es mit dem Olivenöl.

3 Schneiden Sie die Ananas und den Kochschinken klein, während Sie das Gemüse bereits für ca. 15 Minuten vorbacken.

4 Geben Sie die Ananas und den Schinken sowie den Käse auf das Gemüse und backen Sie alles zusammen für weitere 15 Minuten.

STECKRÜBEN-SCHNITZELAUFLAUF

2 Port.

35 Min.

Leicht

Zutaten

250 g Steckrüben
200 g Putenschnitzel
100 g Champignons
50 g rote Zwiebeln
75 g Crème fraîche
1 TL Balsamico-Essig (hell)
50 g geriebener Käse

Nährwerte p. P.

Brennwert: 369 kcal
Fett: 22 g
Kohlenhydrate: 8 g
Eiweiß: 32 g

1 Schneiden Sie die Steckrübe in Scheiben und kochen Sie sie etwa 5 Minuten lang vor.

2 Schneiden Sie die Champignons, das Fleisch und die Zwiebel in mundgerechte Stücke.

3 Braten Sie das Fleisch in einer Pfanne mit etwas Öl an, bis es von allen Seiten braun wird.

4 Stapeln Sie das Gemüse und das Fleisch in einer Auflaufform.

5 Verrühren Sie die Crème fraîche mit dem Essig und geben Sie die Mischung ebenfalls in die Auflaufform. Streuen Sie zum Schluss den Käse über die anderen Zutaten.

6 Überbacken Sie den Auflauf im vorgeheizten Backofen bei 195 °C Ober-/Unterhitze etwa 20 Minuten lang.

OFEN-RICOTTA AUF SALAT

2 Port. 35 Min. Leicht

Zutaten

250 g Ricotta
1 Fenchel
1 Orange (filetiert)
2 EL Condimento bianco
3 EL Olivenöl
3 Zweige Thymian

Nährwerte p. P.

Brennwert: 539 kcal
Fett: 44 g
Kohlenhydrate: 21 g
Eiweiß: 11 g

1 Waschen und zerhacken Sie den Thymian.

2 Geben Sie den Ricotta in eine Auflaufform und träufeln Sie 1 EL Olivenöl darüber. Streuen Sie dann den Thymian auf den Ricotta.

3 Backen Sie den Ricotta im vorgeheizten Ofen bei 200 °C Ober-/Unterhitze ca. 20 Minuten lang.

4 Schneiden Sie den Fenchel und die Orange klein und vermengen Sie beides mit den verbliebenen Zutaten.

5 Geben Sie den Ricotta auf den Salat.

ZUCCHINI-AUFLAUF

2 Port. 60 Min. Leicht

Zutaten

300 g Zucchini
75 g geriebener Käse
2 Eier
75 g Mozzarella
20 g Kokosmehl
Pfeffer
Muskat (gemahlen)
Salz

Nährwerte p. P.

Brennwert: 398 kcal
Fett: 28 g
Kohlenhydrate: 6 g
Eiweiß: 27 g

1 Waschen Sie die Zucchini und schneiden Sie sie in Scheiben.

2 Vermischen Sie die Zucchini mit den Eiern, 25 g geriebenem Käse, dem Kokosmehl und den Gewürzen.

3 Schneiden Sie den Mozzarella in Scheiben.

4 Geben Sie die Zucchinimischung in eine Auflaufform und verteilen Sie den Mozzarella und den verbliebenen geriebenen Käse darauf.

5 Backen Sie den Auflauf bei 180 °C Ober-/Unterhitze ca. 45 Minuten lang.